# Die Reise der Seherin

## Der Pfad zur Erleuchtung

## Almine

Die Schriftrollen des Unendlichen

Veröffentlicht von Spiritual Journeys LLC
Für Spiritual Journeys Limited, Asien

Copyright 2009 MAB 998 Megatrust
Von Almine Spiritual Journeys LLC
P.O. Box 300
Newport, Oregon 97365

www.spiritualjourneys.com
877-552-4646  USA

Graphik:  Josh Lawrence
Eva Pulnicki


Umschlaggestaltung von Paul Downes


Hergestellt in den USA


ISBN 978-1-936926-08-4 (Hardcover)
ISBN 978-1-936926-09-1 (Adobe Reader)

# Inhaltsverzeichnis

*„Was für ein unbezahlbares Erlebnis, einen Blick werfen zu können in einen der bemerkenswertesten Lebensläufe unserer Zeit. Dieses Buch wird einen unauslöschlichen Eindruck hinterlassen.“*

-Seine Exzellenz, der Botschafter
Armen Sarkissian
ehemals Premierminister von Armenien
Astrophysiker, Cambridge University, GB

# Über die Autorin

Almine ist Mystikerin, Heilerin und Lehrende; sie reiste jahrelang durch viele Länder und bestärkte Tausende von Menschen, die von ihrer Art, metaphysische Konzepte verständlich zu machen und zu vermitteln, angezogen wurden. Ihre Demut und selbstlose Dienste an anderen zogen unsagbare Wunder nach sich.

In ihrem Leben, das von Mystischem und Heiligem angefüllt ist, stand sie schon von Angesicht zu Angesicht mit vielen der Meister des Lichts, und sie verfügt in Wort und Schrift über vollständige Erinnerung an die Sprachen der Alten.

Ihre Lehren drehen sich um den Gedanken, dass es nicht nur möglich ist, ein Leben der Meisterschaft und Liebe zu leben, sondern dass es das Geburtsrecht eines jeden Menschen ist, solch ein Niveau an Vollkommenheit zu erreichen. Ihre Reise ist zu der eines Menschen geworden, der lernt, im Physischen zu leben und die schwierige Balance zwischen Ich-Bewusstsein und gleichzeitiger vollkommener Ausgedehntheit zu wahren.

*„Leben wir im Augenblick, befinden wir uns*
*in der Macht — in Harmonie mit Ewiger Zeit*
*und der Absicht des Unendlichen.*
*Unser Wille wird eins mit dem des Göttlichen."*

-Almine

# Die Reise der Seherin

Lang und leidenschaftlich ist meine Reise
zum Verständnis des Lebens gewesen. Ich
habe es gesucht in der Vereinigung mit der
Natur, ich habe in der Wüste gefastet und
im Hochgebirge. Ich habe danach Ausschau
gehalten in den Augen des Weisen und des
Narren, aber ich fand darin nur mein eigenes
Bild.

Meine Suche erbrachte viele Antworten, aber
die Fragen hörten nie auf. Alle Wege führten
im Kreis, doch immer zurück zu mir selbst.
Als ich in den Bergen von Montana in meine
Decken gewickelt lag, sah ich all die Sterne,
wie sie sich durch das Rad der Nacht drehten,
alle außer dem Nordstern — unbeweglich
und ruhig auf seinem himmlischen Thron.

Auf diese Weise betrat ich, wie schon viele
vor mir, die Stille in mir, wo die Stimme
meines fragenden Verstands zum Schweigen
gebracht war. Die Flüsse strömten in mir.
Ich war der Wind und die wilden Pferde, die
über die Prärie rasten. Die Glückseligkeit war
tief und verschlang alles Begehren. Keine
Begrenzungen kannte ich. Gelächter perlte

durch meine Zellen. Ich schmeckte göttliche Ekstase wie Honig am Gaumen.

Aber tief im Schmachten meines Ausdehnens hallte eine Frage durch meine Seele. Der Traum hatte den Verstand des Träumers verlassen, aber hatte nun nicht der Träumer den Traum betreten? Ich war still geworden wie der Nordstern — aber ich hatte mich ausgedehnt und schloss die Bewegung nun ein.

Und dennoch, als ich auf meinem Bett lag und alles Leben sich in mir bewegen sah, hörte ich ein leises Flüstern: das Leben ist eine Reise, kein Lager. So wie die Massen ihrem engen Standpunkt verfallen sind, ist es auch der Weise, der in seiner Glückseligkeit Alles wird.

Der Seher auf seiner Suche durch Wahrnehmung gewinnt an Macht und steigt immer noch höher. Dem Meister in seiner Erleuchtung, der nichts mehr zu verstehen sucht, läuft die persönliche Macht durch die Finger wie eine Handvoll Sand.

Die sich immer höher schraubende Reise des Sehers, das flache Ausgedehntsein des

Weisen — dort zu leben, wo sich beides trifft, das war für mich die nächste Etappe. Erinnerungen an meine Kindheit und Gelächter kehrten noch einmal zurück. Das Abenteuer des Unbekannten und entfernt lockender Horizonte wurde erneuert.

Doch das Kind kann nicht in die Gebärmutter zurück, und der Fluss nicht zur Quelle. Ich betrat von neuem das Drama des Menschseins und übernahm wieder meine Rolle; ich wusste, dass das Schauspiel zwar Sinn hatte, ich aber nicht die Darstellerin in einer Rolle war.

Ich konnte das Leben gleichzeitig aus der Vogelperspektive und aus der Sicht einer Schnecke sehen. Ich lebte im Auge des Sturms, in der Ruhe inmitten der Tätigkeit. Göttliches Unbehagen führte mich weiter. Ich wusste, es muss noch unbeantwortete Fragen geben, etwas noch nicht Erschautes.

Alles, was im Leben des Kosmos lebte, war in mir. Alle Antworten im Bereich der Form waren bereits gefunden. Wie die gewundenen Pfade, die ich auf der Erde gegangen war, meisterte ich nun Zeit und Raum. Ich begab mich in verborgene Reiche, in die wenige

Seher sich wagen, unter Dämonen und Engel, Drachen und Götter — ich wollte alles lernen, was sie wissen.

Jeder hatte eine Seite des Buchs des Lebens, doch ich machte eine große Entdeckung: das gesamte Buch war im Herzen der Menschheit versteckt.

Verdunkelt von Selbstbezogenheit, liegt alles kosmische Wissen in der Menschheit. Als dichtestes aller Wesen, ist der Mensch der Mikrokosmos des Makrokosmos.

Es ist verlockend, die wundervollen Reiche des Lichts zu entdecken und in ihnen zu spielen. Aber Leben innerhalb dessen, was wir wissen, ähnelt dem in einem Aquarium, in dem es immer nur im Kreis geht.

Zeit ist mehr ein Werkzeug als eine Wirklichkeit.
Sie hilft uns, den Trug der Form aufrecht zu
erhalten. In der Zeitlosigkeit verliert die Tyrannei
des Anscheins, Form sei fest, an Macht.

Ich hielt meine Reise schriftlich fest, ungeachtet dessen, ob manche meine Worte glauben oder andere darüber spotten würden. Wie ein Forscher, der auf dem endlosen Meer dahin treibt vermaß ich die Reiche jenseits des Verstands in der Hoffnung, die Schlüssel zu den Türen zu hinterlegen, die die Menschheit gefangen halten.

Die Herrlichkeit des Lebens, die sich in seinen Teilen offenbarte, erschien dennoch unwirklich. Wir leben in einer Welt der Spiegel und ich empfand zunehmend Unbehagen. Durch die Befreiung vom Verstand entkommen wir unseren Beschränkungen und können klarer sehen. Aber hinter Raum und Zeit und der trügerischen Form liegt weiteres, das unwirklich ist.

Jenseits aller vorherigen Grenzen zu zeitlosen Reichen, wo selbst die Täuschung des Augenblicks wegfällt, suchte ich nach dem Ende der Unendlichkeit. Die Felder meines Körpers wurden rissig vor Anstrengung, als ich sah, wie sich die Spiegel endlos reflektierten.

Großen Segen brachten die von Schmerz und Seelenqualen verursachten Risse. Ich konnte mehr Licht halten, mehr Klarheit gewinnen, als ich Unsterblichkeit erlangte.

Völlig still wurde der Verstand, wie ein See, der spiegelglatt im Mondlicht liegt. Schreiben und Sprechen geschahen automatisch und wurden von keinem einzigen Gedanken getrübt.

Die Sprachen der Reiche, die Geheimnisse der subatomaren Bausteine des Lebens — alles, was ich wissen musste, erschien mir. Das Durchsuchen des Kosmos diente keinem Bedürfnis mehr.

Wenn ich vor meinem Kamin saß oder durch eine geschäftige Straße ging, öffnete sich der Himmel. Große Wunder sah ich. Die vielen Spiegelschichten, die unseren Kosmos umgeben, waren nur Schichten von Membranen, denen ähnlich, die in der Haut zu finden sind.

Trauben von Kosmossen, so groß wie unserer, lagen an einem spiralförmigen Pfad. Zwölf weitere spiralförmige Pfade von Kosmossen fand ich. Eine Traube bilden sie, eine von vielen, die in der Ewigkeit liegen.

Keine Notwendigkeit, durch die Reiche des Mysteriums zu reisen. Nichts schien mir verschlossen. Mein Körper verklärte zu unsterblicher Meisterschaft.

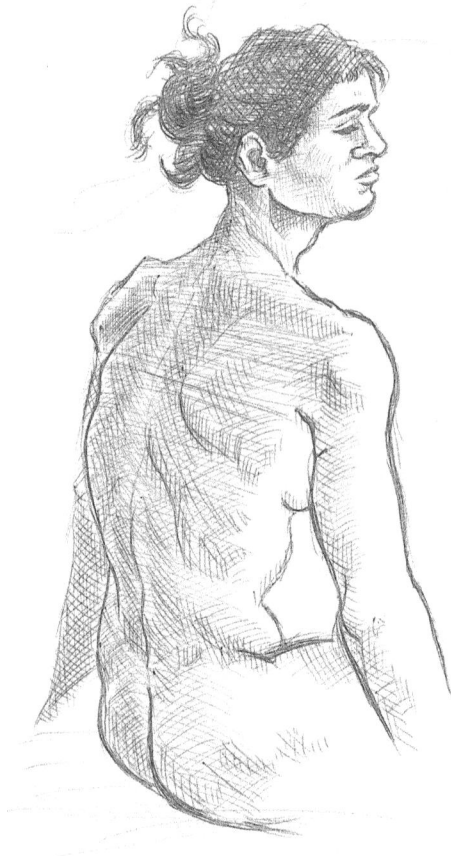

Der Augenblick ist durch das bestimmt, was er
nicht ist. Alles, was bestimmbar ist, ist unwirklich.

Während ich aus dem, was ich sehen konnte, lernte und beobachtete, bekam ich tiefgründige Antworten geboten. Sie waren riesig wie Spiralen, die sich in die Ewigkeit erstrecken, und doch nur Widerspiegelungen eines DNS-Strangs.

Wenn man in einem Saal voller Spiegel steht, staffeln sich unendlich viele, immer kleiner werdende Bilder in alle Richtungen. Die geringste Bewegung zeigt sich in allen. Genau so ist es mit dem Leben. Alle großen, umwerfenden Veränderungen einer sich ständig entfaltenden Wirklichkeit sind nur die Projektion durch die kleinsten Bausteine des Lebens.

Durch das Herz der subatomaren Teilchen des Lebens schimmern die Bilder der sich entfaltenden Unveränderlichkeit des Einen Lebens. Dies war die Beschaffenheit des Traums.

Durch die Bausteine des Lebens beleuchtet das
Unendliche die kosmische Entfaltung auf einer
endlosen Bühne.

Durch die Weite habe ich gespäht, doch es waren Spiegelbilder. Wie alle gespiegelten Bilder gaben die endlosen Reflektionen das, was ist, umgekehrt wieder.

Nun sah ich durch die Herzen der subatomaren Teilchen, den kleinsten Fenstern in die Ewigkeit. Dort enthüllte sich meine Torheit. Es gibt keine Weite oder Enge; kein Innen oder Außen, denn Gegenteile können nicht getrennt voneinander existieren.

Im Außen wohnt das Innen. Im Erwachen schlummert der Traum. Im kosmischen Entfalten liegt ewige Unveränderlichkeit. Ich suchte nach den Vielen in dem Einen, aber alles, was ich finden konnte, war — ich.

Doch im Spiegel sah ich deutlich, dass auf der Bühne des Lebens verschiedene Lebensformen tanzten. Wie konnte dort nicht noch jemand sein? Wohin ging ihre Schönheit?

Tief in meinem Herzen flüsterte es: „Die Schönheit, die du gesehen hast, ist deine. Niemals kann die Weite des Ozeans geteilt oder festgelegt werden.

Es existiert nur Ein Wesen, das sich in
formlosem Formen ausdrückt. Der Spiegel,
den du dir vorgestellt hast, hat dir, wie ein auf
dich selbst gerichteter Finger, das gezeigt, was
du nicht bist, damit du dich erfährst."

Dann muss auch meine Form unwirklich sein,
festgelegt durch das, was nicht ist. Die durch
die winzigen Bausteine gebildete Bühne, auf
der ich mein Leben tanze, sie ist ebenfalls eine
Täuschung. Bin ich dann ein hohler Knochen,
den es nie wirklich gab?

„Ohne den hohlen Knochen kannst du nie eine
Flöte erschaffen. Der Atem des Unendlichen
Lebens macht durch die Flöte erlesene Musik."

Unbeschwert dann, werde ich tanzen. Keine
Selbstspiegelung werde ich suchen. Denn
Spiegel konnten mir nie das Eine Leben
zeigen, das sich spontan durch mich bewegt.
Innerhalb der Schranken trügerischer Form,
will ich Dankbarkeit fühlen, denn ich weiß,
sie dient dem Zweck des Einen Lebens —
spontaner Kreativität.

Alles Leben ist das Unerfahrbare. Es gilt
nichts zu verstehen, nichts werden zu wollen,

wenn wir ein Ausdruck des Einen sind. Doch
die Schöpfung ist der Schöpfer. In dem Einen
Leben kann es keine Beziehung geben. Den
Widerspruch zu akzeptieren heißt, ein Leben
in Frieden zu leben.

# Die Schriftrollen der Unendlichkeit

Wie weit fort habe ich gesucht, wie hoch bin ich geflogen, um endlich den Frieden der Hingebung kennen zu lernen? Durch das Eine Leben geschaffen — dieses kosmische Zuhause, wo ich alle Dinge bin und doch immer allein.

Aber wir mit unseren Flügeln müssen auch Wurzeln haben, mit denen wir die Dinge der Erde genießen können. Die Heiligen Bibliotheken mit ihren höchst tiefsinnigen Geschenken können von denen, die zu sehen verstehen, in vielen Ländern gefunden werden.

Höre nun ihre lang bewahrte Weisheit. Begraben liegen sie unter dem Sand der Erde.

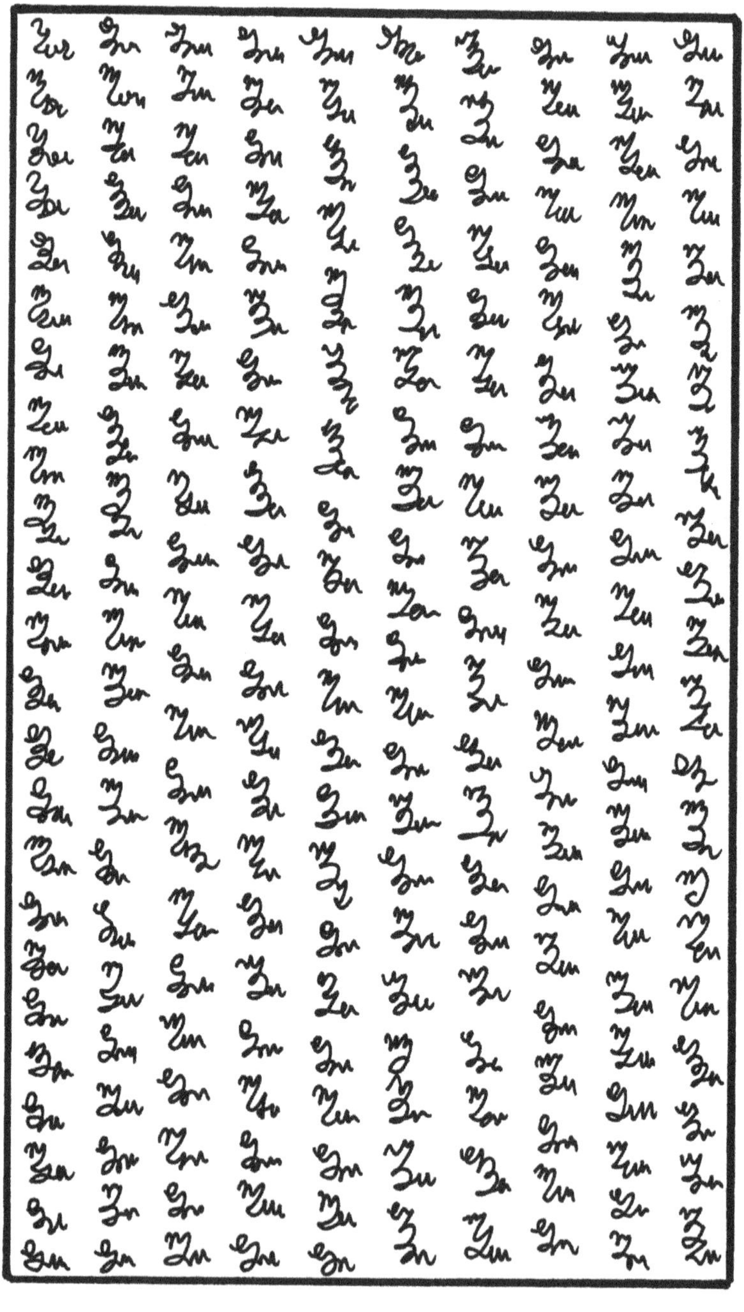

# Die Schriftrolle der Unendlichkeit Nr. 1

Was ist Unsterblichkeit anderes als die Verlängerung eines lang vergessenen Traums? Die Suche nach Dauer ist die Torheit des Verstands, der sich an Strukturen klammert und sich weigert, die Vergangenheit hinter sich zu lassen.

Wenn Stille und Bewegung im Innern Eins werden, kann Unsterblichkeit endlos erhalten bleiben. Doch ohne Geschmeidigkeit immer gleich zu bleiben ist in dem Einen Leben eine Unmöglichkeit.

Ergib dich nicht dem Tod sondern meistere das Leben und ändere dann deine Gestalt wie die Wolken am Himmel. Im Tanz des Regens oder dem Strömen des Flusses lass den Tanz des Lebens sich durch dich entfalten.

# Die Schriftrolle der Unendlichkeit Nr. 2

Lass nicht den Körper herrschen, sondern meistere seine Bedürfnisse. Der Körper ist ein Werkzeug, ein flüchtiges Feld, das im raumlosen Raum der Unendlichkeit schwebt. Alles, was wir um uns herum sehen, ist nur eine Möglichkeit — so lange, bis wir seine Existenz bestätigen.

Der Körper verlockt uns zu denken, wir wären wissend. Er täuscht einen Bezugspunkt im ewigen Fließen vor. Er muss gehorchen, wie die Füße eines Tänzers. In ekstatischer Vereinigung mit dem Unendlichen ist der Tanz des Tänzers nicht sein eigener. Weder Erfolg noch Scheitern kann er sich zuschreiben, nur das Einssein mit dem Einen Leben.

# Die Schriftrolle der Unendlichkeit Nr. 3

Wer denkt, er hätte Wissen, ist in der Schmetterlingspuppe des Gewissen gefangen. Wer im Unerfahrbaren lebt, fliegt frei wie ein Schmetterling.

Die Täuschung dessen, was bekannt ist, hält uns in der Froschperspektive wie die Raupe, die auf dem Blatt kriecht und nichts davon weiß, dass über ihr der Schmetterling im Wind tanzt. An solchen gehen die Möglichkeiten des Lebens unerkannt vorüber.

Keine vorherrschende Denkweise, nichts Vorgegebenes, kein strukturiertes Ergebnis kann es geben. Das sind die trügerischen Sprösslinge des Großen Schwindlers — des rationalen Verstands. Hereingelegt von den Sinnen und dazu verführt zu glauben, dass das Leben vorhersagbar sei, mag das Leben ihm festlegbar erscheinen. Stattdessen entfaltet es sich ständig neu in immer anderem Ausdruck.

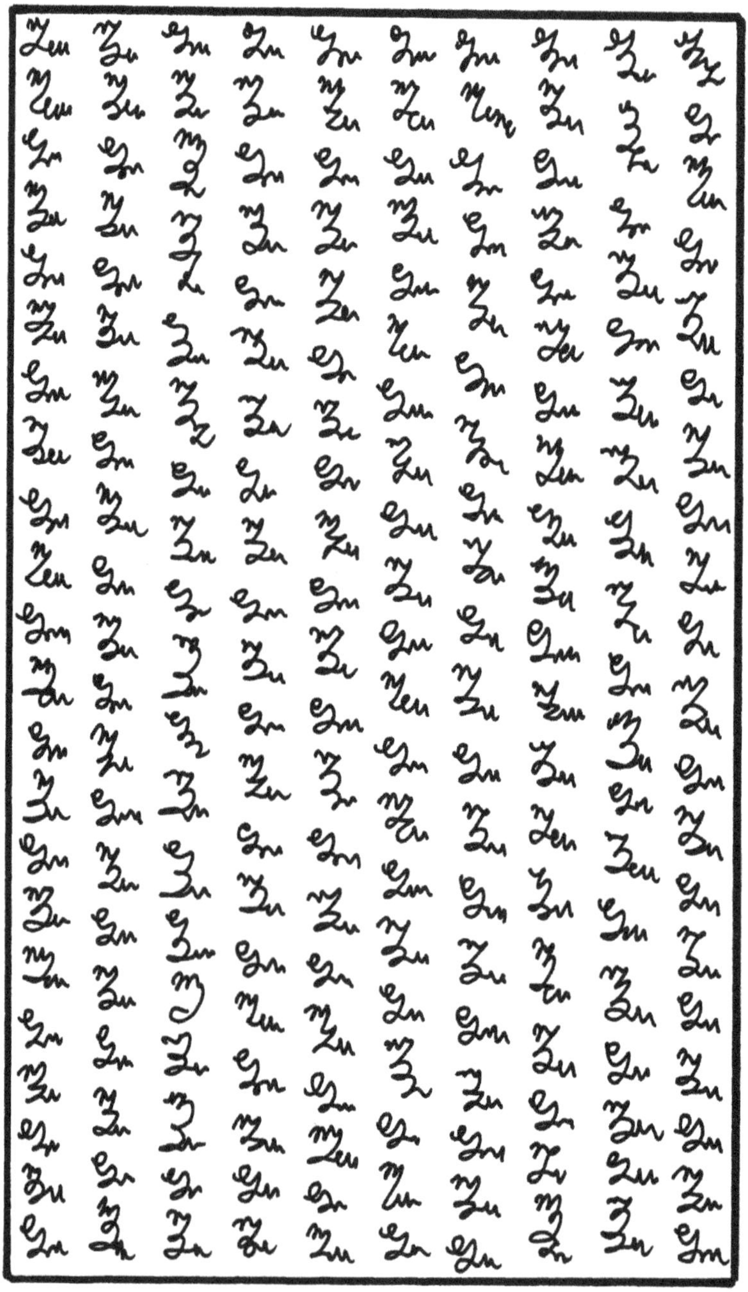

# Die Schriftrolle der Unendlichkeit Nr. 4

Wir haben Glaubensvorstellungen gewebt und damit ein Netz von Unter-Schöpfungen geschaffen. Die Fäden unserer Glaubensinhalte stammen aus unseren Versuchen, das Leben zu beherrschen, indem wir die Wirklichkeit schaffen und festlegen.

Die Schöpfung ist eine Täuschung — eine reine Vorstellung. Sobald wir glauben, sie sei wirklich, schafft das Theaterstück eine trügerische Wirklichkeit. Auf der Bühne des Lebens kann nichts Neues geschaffen werden, denn das Unveränderliche und das Verändernde leben als Eines innerhalb des Unendlichen Lebens.

Die Täuschungen werden, wie Schatten an der Wand, dadurch erzeugt, dass wir nicht verstehen, dass es nicht darum geht, unser Leben zu entwerfen, sondern dass wir nur seine endlosen Überraschungen aufzugreifen brauchen.

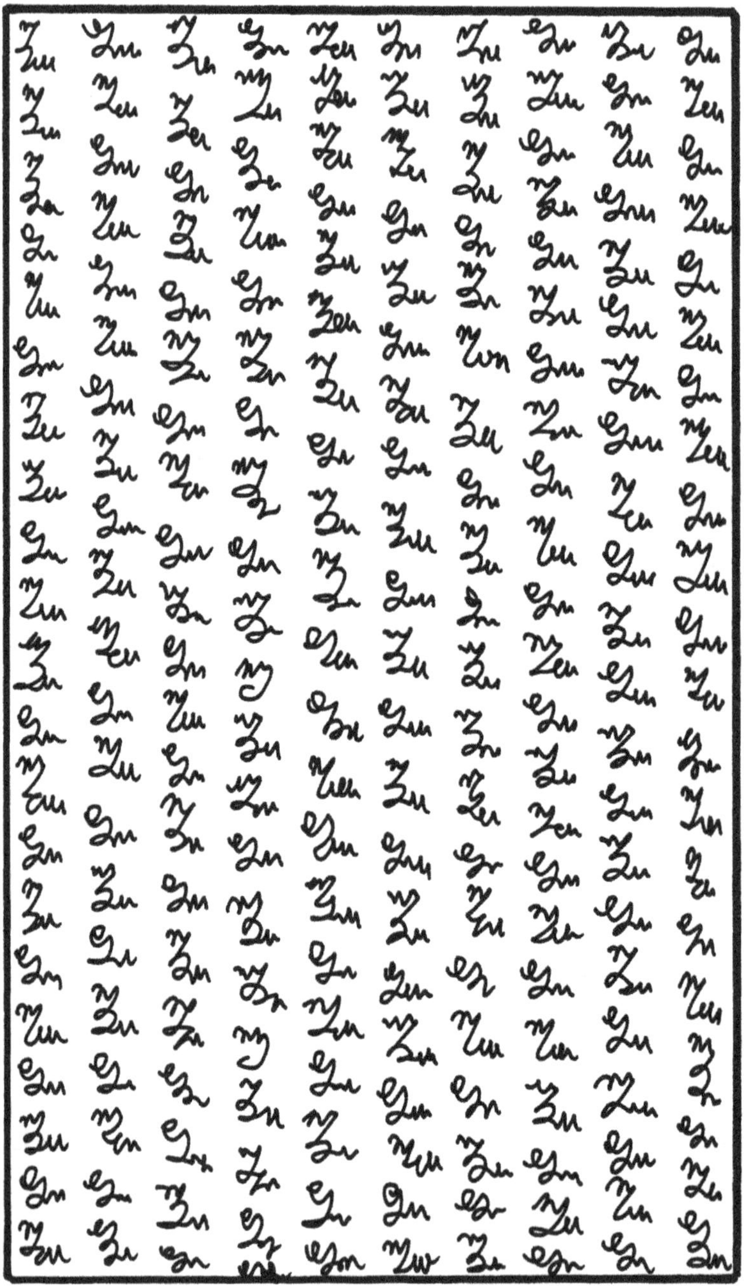

# Die Schriftrolle der Unendlichkeit Nr. 5

Es ist angenommen worden, dass alle Dinge
einen Anfang haben. Die Annahme, dass
ein Ursprung der Schöpfung voran gehe,
weist zwei Trugschlüsse auf; denn nichts ist
geschaffen worden und nichts hat angefangen.
Uns hat es ewig gegeben, als das Eine drücken
wir uns aus.

Suche nicht nach dem Ursprung des Lebens.
Erliege nicht der Sucht wissen zu wollen. Denn
der Verstand ist auf Gewissheit fixiert und
widersteht dem bewegungslosen, unwägbaren
Fließen.

Es gibt keine Linearität, keine Ursache und
keine Wirkung, wenn wir als das Eine Ewige
Wesen in Zeitlosigkeit weilen.

# Formlosigkeit annehmen

Und viele, die gerade erwacht
waren in der Dämmerung und frei
sein wollten vom Traum, kamen
zusammen, um zu fragen, was ihre
Herzen wissen wollten — inwiefern
das Leben mehr war, als es schien ...

*Wie kommt es, dass wenn doch mehr als nur eins
zu sehen ist, alles als nur Ein Wesen existieren
muss?*

Wenn du aus des Lebens Traum erwachst,
eine formlose Form im endlosen Ozean des
Lebens, brauchst du neue Werkzeuge für
den raumlosen Raum, um in widersinniger
Umarmung mit dem Einen Leben zu tanzen.
Lass mehr-sinnliche Wahrnehmung die fünf
Sinne ersetzen. Erlöscht das Bedürfnis nach
Wissen, findet mühelose Erkenntnis statt.

Dann wirst du den Atem des Windes
schmecken. Den Klang von Musik wirst du
sehen. Du wirst die Herzensgefühle anderer
wie Musik in der Brise hören.

*Aber warum sehen unsere Augen räumlich, und warum trennt und trügt unsere Sehweise?*

Die optische Täuschung beruht darauf, dass wir Irreführungen Glauben schenken. Wir glauben, dass Form beständig ist; dass was wir sehen, Wirklichkeit ist.

*Wie können wir uns dann je befreien von solcher Täuschung?*

Indem du abwirfst die Fesseln des Glaubens, wir hätten Wissen; indem du lebst wie ein Kind, das das Unbekannte erforscht.

*Erzähl uns nun vom Sprechen... denn was
bekräftigt wird, kommt zustande.*

Wenn dir etwas mitgeteilt wird, lausche nicht
mit den Ohren. Lass alle Sinne und das Herz
hinter das Mitgeteilte lauschen. Du kannst
nicht richtig aufnehmen, wenn du Gedanken
im Kopf hast. Wenn das Denken zum
Schweigen gebracht sind, wirst du die wahre
Absicht hinter der Sprache finden.

*Ist Sprache ein veraltetes Mittel zur Erfassung der
Wirklichkeit?*

Ebenso gut könntest du eine Sternschnuppe
auffangen wollen — oder nach der
Unendlichkeit greifen.

*Warum dann lassen wir das Sprechen nicht sein,*
*wenn wir damit nichts erreichen?*

Die einzige Sprache, die Alle hören, ist der
Ewige Gesang des Einen Lebens. Wo es
in Wirklichkeit nur Ein Wesen gibt, haben
Mitteilungen nichts zu suchen. Austausch ist
Teil der großen Verschwörung des Lebens.
Um zu tanzen, gaukelt es Dualität vor.


*Aber ist Sprache dann Freund oder Feind, wenn*
*sie die Worte anderer filtert?*

Spiel das Spiel, das das Leben ersinnt, aber
denk daran, dass nichts zu hören ist...

*Welchen Sinn hat es, das Spiel zu spielen, wenn ich doch einzig nach der Wahrheit suche?*

Suche nicht nach dem, in das du eingebettet bist. Wahrheit ist das Wesen des Unendlichen. Das Spiel, das du spielst, findet um deinetwillen statt, um dich vom Anschein zu befreien. Ohne Vortäuschung gäbe es den Tanz der vereinzelten Formen nicht. Aus dem Vorgeben einer Beziehung entsteht die Vielfalt des Ausdrucks.

———————————

*Erzähl uns von den Lebenszyklen, von dem, was vorher geschah...*

Eingebildete Traumphasen, weiter nichts.

*Aber sind wir noch in sich endlos wiederholenden*
*Zyklen? Vielleicht nur größer als die vorherigen?*

Zyklen kommen von linearer Zeit, die sich
immerzu in Spiralen dreht. Wo das zu finden
ist, gibt es zyklische Veränderungen.

*Gibt es denn etwas, was sich ändern sollte, wo wir*
*doch in unveränderlicher Veränderung leben? Was*
*ist unsere Verantwortung? Bitte sag die Antwort.*

Es braucht keine Verantwortung deinerseits,
wenn die Blumen des Unendlichen sich in
deinem Herzen entfalten.

*Aber wenn ich in Einheit harre und in stiller Ergebenheit bleibe, hilft das doch bestimmt, die herrschende Täuschung für alle aufzulösen?*

Es gibt nur Vollkommenheit; selbst Täuschung spielt eine wichtige Rolle. Es gibt nichts zu verbessern. Lebe einfach aufrichtig durch dein Herz.

———————————

*Warum ist Vollkommenheit nicht sichtbar und es scheint Chaos zu herrschen? Wieso gibt es scheinbar Mangel und warum sind viele noch voller Schmerz?*

Von einem niedrigen Standpunkt aus kann man eine höhere Ordnung nicht sehen. Sie sieht wie zufällig geschaffenes Chaos aus. Schmerz kommt daher, dass wir Unmögliches zu tun versuchen: uns dem Tanz des Einen Lebens zu widersetzen. Durch unseren Widerstand erzeugen wir Schmerz.

———————————

*Welche Botschaft möchtest du uns heute zum*
*Abschied geben?*

Du kannst nicht verlassen, was du bist. Wir
sind Ein und Dasselbe...

# Die Weisheit der Seherin

Wenn die Richtungen heimkehren zum
Herzen und Linearität nicht mehr ist, werden
wir zur Pforte für Alles.

Mut brauchen wir nur, um die Einwände
des Verstands zu überwinden. Schweigt der
Verstand. kommt die richtige Handlung von
selbst.

Die Erde ist meine Wiege und der Himmel meine Decke. Wo immer ich hingehe, ich bin zuhause.

Der Verstand schafft Spiegel und kämpft dann gegen sie. Warte ich in der Stille, enthüllt sich mir alles Leben.

Das Leben ändert sich und ändert sich doch nicht. Während es sich entfaltet, weicht eine Form der anderen. Auch wenn es zerstörerisch aussehen mag — es gibt nur spontane Vollkommenheit.

Was wir anschauen, verdichten wir. Was wir erleben, entfaltet sich in endlosen Möglichkeiten.

Was wirklich ist, ist unvergänglich und
unveränderlich. Durch die Falschheit der Form
schimmert das Wirkliche durch, und das Eine
Leben glüht.

Wenn Handlung ohne Hintersinn ist,
werden Tun und Sein Eins. In meiner Arbeit
schlummert erholsame Untätigkeit. Arbeit ist
keine Arbeit mehr.

Schönheit sehen wir nur, wenn der Verstand still ist und das Herz offen. Was ist Schönheit anderes als ein kurzer Blick in die Ewigkeit?

Wo Teilung ist, da ist Täuschung. Wenn etwas definiert werden kann, ist es unwirklich.

Wenn wir wissen, dass das Leben ein Traum
ist, können wir zu Wachträumern werden,
zu Meistern der Traumlandschaft. Die
Wirklichkeit wird eher fließend als fest, und
ein Leben voller Wunder ist die Folge.

In Nichtzeit zu leben heißt nicht, dem, was
du vor dir hast, keine Aufmerksamkeit zu
schenken, sondern dass es nichts anderes gibt
als das, was vor dir ist.

Der Eingeweihte weiß, dass er seine
Umgebung ändern kann, indem er sich
selbst ändert. Der Meister weiß von keinem
Unterschied; er genießt seine Umgebung als
sein eigenes Selbst.

Das Bedürfnis des Menschen nach äußeren
Gesetzen, die sein Inneres regieren sollen,
weist darauf hin, dass er ein Produkt seiner
Umstände ist, nicht der Ausdruck des Einen
Lebens.

Gemeinschaft kann ein Segen oder eine Fessel sein. Sie ist nur ein Instrument, dafür gedacht, den Menschen in ihr zu dienen; nicht ein Tyrann, der verlangt, dass sie die Maske der Gleichförmigkeit tragen.

Der Körper ist ein entbehrliches Feld, das durch ein anderes ersetzt werden kann. Er ist nur ein Diener. Der wirkliche Teil von uns ist der Meister.

Die Umgebung kann als Widerspiegelung
dessen, was wir sind, dienen, weil sie Wir ist.
Nur unsere besondere  Art zu sehen, lässt sie
uns als von uns verschieden sehen.

Selbstbewusstsein kommt von der
Identifizierung des Niedrigen Selbst mit dem
Ego. Selbstvertrauen kommt daher, dass wir
um unsere Unfehlbarkeit als das Eine Leben
wissen.

Erbarmen kommt von Schuld. Schuld kommt
von Urteilen, und Urteilen kommt aus der
Unfähigkeit zu sehen, dass alles, was existiert,
einem Zweck dient — sonst wäre es nicht da.

Wenn wir zurück blicken, wird die
Vergangenheit in der Gegenwart lebendig.
Blicken wir nach vorne, schaffen wir eine
Zukunft mit nur den Möglichkeiten des
Augenblicks und ohne, dass die Augenblicke,
die noch kommen, einen Beitrag leisten können.

Um über die Beschränkungen der Sterblichkeit
hinaus zu leben, müssen wir aus unserem
Innersten heraus leben: als eine Präsenz, die so
weit ist wie der Kosmos und eine Erfahrung
als Mensch macht.

Damit völliges Einssein existieren kann,
müssen alle Wesen Zwitter sein und ihre
männlichen und weiblichen Anteile zu
einer vollkommenen, harmonischen Einheit
verschmelzen.

Alles anerzogene Verhalten muss sich
auflösen und zum fließenden Ausdruck des
Unendlichen durch uns hindurch werden. Das
gilt auch für die anerzogenen Erwartungen
darüber, wie sich Männlichkeit oder
Weiblichkeit ausdrückt.

Alles als möglich annehmen geschieht, wenn
alle Festlegungen und Erwartungen wegfallen.

Als Kanal für das Fließen Unendlicher
Ressourcen sollten wir uns eher als Hüter
denn als Besitzer sehen.

Sind wir Eins mit dem Einen Leben, beseitigen
wir Täuschungen in unserer Umgebung und
sind immer in Heiligem Raum.

Was ist der Traum des Lebens anderes als die ungesungenen Noten, die als Möglichkeit in der Musik schlummern?

Wertschätze die Rolle der Täuschung; denn alles, was nicht als Geschenkebringer erkannt wird, wird in seinem Ausdruck verzerrt.

Die Entstehung des Individuums kommt von
den Schatten, die alles umgeben, was vom
Einen Leben erleuchtet wird.

Die Dualität zu heilen bedeutet nicht, das
Lied zu beenden, indem alle Noten auf einmal
gespielt werden, sondern dass jede gespielte
Note das Ganze in sich widerspiegelt.

Selbst wenn die trügerische Form stirbt;
solange wir ohne Zweifel wissen, dass wir
nicht das Vergängliche sind, wird sofort eine
andere an ihrer Stelle entstehen.

Niemand ist wirklich frei, der die Maske einer
Identität trägt. Er wird zu einer Marionette in
den Händen anderer.

Wie Spinnennetze Motten fangen, so fängt
Erziehung die Seelen der Menschen. Befreie
dich nachdrücklich von ihr.

Der Gesang des Lebens wird zu Missklang,
wenn wir uns auf Täuschungen fokussieren —
die ungesungenen Noten des Lebens. Unsere
Aufmerksamkeit für sie lässt sie von poten-
ziellen Klängen zu tatsächlichen, dissonanten
Tönen werden.

Leben wir aus der Fülle der Unendlichen
Gegenwart, bleibt nur die Täuschung, die den
Tanz trägt. Was die Anmut des Tänzers stört,
löst sich auf.

Schönheit, wie sie das Auge sieht, ist die der
trügerischen Form, die wie der Tontopf heute
entzückt und morgen zerbricht.

Wenn Veränderung linear geschieht, geraten
wir aus der unschuldigen Reinheit der Zeitlosigkeit, weil wir nach den Möglichkeiten der
Zukunft greifen. Ist Veränderung  exponenti-
ell, kommen künftige Möglichkeiten jetzt.

Wenn Schönheit mit dem Herzen gesehen
wird, verbinden wir den wahren Teil unsres
Selbst mit dem wahren Teil des Lebens. Wir
betreten das Eine Leben.

Gedanken halten die Vergangenheit fest und
verengen wie Verkalkungen die Gegenwart.
Nur wenn wir Gedanken durch müheloses
Wissen ersetzen, lösen sie sich auf.

Form und Zeit sind miteinander verbunden
wie die zwei Flügel des imaginären Vogels
Linearer Ablauf. Leben wir in Nicht-Zeit, lösen
wir uns von der Form.

Die Fülle wird unser, wenn wir die Bewegung des Lebens, die Zeit, aufgeben. Werden wir zum Ruhepunkt, kommt Alles zu uns.

Reue entsteht, wenn wir glauben, dass es Erfolg und Versagen für uns gab. Wir sind Teil des Traums des Einen Lebens, und das Leben floss einfach durch uns hindurch.

Unser kleines Selbst hat keine Entscheidungs-
freiheit. Alles im Leben wird vom Einen Leben
gesteuert. Die einzige Möglichkeit frei zu sein
ist, zum Einen Leben zu werden.

Ursachen innerhalb des Traums schaffen
keine Wirkung. Nur das Eine Leben kann das.
Wenn wir aufhören, das Leben beeinflussen
zu wollen, fließen Wunder durch uns
hindurch.

Wir glauben, uns unabhängig von unserer Umgebung verändern zu können. Wir sind aber Alles. Verändern wir uns, verändert sich Alles.

Dichte existiert nicht. In der Unteilbarkeit des Lebens kann ein Teil des Ozeans nicht dichter sein als ein anderer.

Frieden in der Welt kommt von innerem
Frieden. Innerer Frieden kommt von der
inneren Vermählung unserer männlichen und
weiblichen Anteile zu vollkommener Einheit.

Wenn wir versuchen, das Leben in Ordnung
zu bringen, leisten wir ihm Widerstand. Das
bedeutet Urteilen und Unterteilen. Ganzheit
zu sehen, beflügelt.

Verfall gibt es nur, wo Widerstand gegen das Leben herrscht. Die wahre Natur des Lebens ist unvergänglich.

So etwas wie Ordnung, definiert als Struktur, kann es nicht geben. Sie ist nur ein Überwachungsinstrument, das der Verstand erfunden hat.

So etwas wie Chaos kann es nicht geben. Das
Eine Wesen ist makellos. Als Chaos bezeichnen
wir nur, was sich unserem Verständnis
entzieht.

All-Wissen kann durch den Verstand nicht
erreicht werden; es kommt als müheloser und
spontaner Ausdruck des Herzens.

Das Leben fordert zu keiner Zeit, dass wir es
verstehen. Das Eine Leben weiß Alles, und
aus unserer kleinen Sichtweise ist es nicht zu
verstehen.

Innerhalb des Einen Lebens ist jede Beziehung
eine Täuschung, sogar die innere Beziehung
zwischen dem Beobachter und dem
Beobachteten.

Selbstbetrachtung untergräbt die Reinheit des
spontanen Lebens, weil sie Selbstbeziehung
schafft.

Das All-Wissen und Können des Einen
Lebens steht uns zur Verfügung. Es ist ein
Trugschluss, dass Lernen erforderlich sei, um
Höchstes zu erreichen.

Das Leben um uns herum liegt in verknüpften Feldern von Möglichkeiten, die erst dann lebendig werden, wenn der Gesang unseres Lebens sie aktiviert.

Entfaltung sieht aus wie Bewegung, doch das ist nur ein Trugbild der Sinne. Es gibt keine Bewegung, weil es im Einen Wesen keinen Raum und keine Richtung gibt.

Alle Bewusstseinsebenen tragen gleichermaßen zu dem EINEN bei. Durch den Weisen wie den Narren fließt dieselbe Vollkommenheit.

Der Fluss des Lebens ist keine Bewegung. Das ist eine Täuschung auf Grund nacheinander hervorgehobener ewiger Felder — wie Töne, die auf einem Klavier gespielt werden.

Viele wertschätzen Wissen und stellen es bei
ihrer Suche über Alles. Doch was ist Wissen
anderes als die starre Wahrnehmung des sich
entfaltenden Lebens von gestern?

Es kann keine Hierarchie des Wissens geben,
wenn es definiert wird als das mühelose
Wissen des Augenblicks — ein Geschenk, das
allen zugänglich ist.

Schönheit, die den unverstellten Ausdruck des
Einen Lebens widerspiegelt, kann sich nicht
ändern oder verblassen.

Es kann keine Hierarchie der Schönheit geben,
wenn jede individuelle Lebensform eine einzigartige Facette des sich entfaltenden Lebens
ausdrückt. Die Lilie kann nicht schöner sein
als die Rose.

Schönheit als der wahre Ausdruck des Unendlichen Lebens muss sich in Zeitlosigkeit erneuern. Der Kosmos unterstützt nichts Starres.

Wenn geliebte Menschen dem Tod erliegen, mögen wir unfähig sein, zwischen den Reichen mit ihnen in Verbindung zu treten, aber in der EINheit unseres Wesens können wir es. Der Tod kann das nicht trennen.

Wenn wir das Einssein aller Menschen erken-
nen, eignen wir uns alle unterschiedlichen
Sichtweisen der Stämme der Menschheit an
und werden so innerlich reich.

Wir glauben die Last der Zeiten zu tragen, für
das Unendliche aber ist nur ein Augenblick
vergangen.

Der Schlüssel zum Ausstieg aus dem sich
drehenden Rad linearer Zeit in die Stille
des Einen Lebens ist, die Vorstellung von
Beziehung loszulassen durch das Verstehen,
dass es nur Ein Wesen gibt.

Die Schichten der Täuschung lösen sich erst
auf, wenn wir ihren Wert sehen. Annehmen
ist der Anfang von Veränderungen.

Trennung hat den Teilen der Schöpfung
behagt, die sich unterschiedlich schnell
entwickelten. Würdige dies, damit Trennung
sich der Einheit ergeben kann.

Der Verwandlung des Kosmos von der
Raupe in einen Schmetterling mag wie eine
Katastrophe aussehen; doch nur aus der Sicht
des Unendlichen kann die Vollkommenheit
des Wandels gesehen werden.

Der Traum hat den Kosmos in seinen Inku-
bationsphasen verfeinert. Die Werkzeuge des
Traums waren Raum und Zeit. Diese können
nun mit Dankbarkeit weggelegt werden.

Es gibt keinen Ursprung und kein Ziel. Es gibt
keinen Grund für Eile oder Streben, wenn das
Leben aus dieser ewigen Sicht betrachtet wird.

Kein Beifall von anderen kann je von Wert
sein, denn sie können die einzigartige
Sichtweise und den Beitrag unseres Lebens
nicht verstehen.

Kein Selbstlob ist nötig, denn wir sind um
der Freude willen geschaffen worden. Es gibt
nichts zu vollbringen als höchstes Genießen
des Lebens.

Wir müssen Gegnerschaft dankbar würdigen
als Werkzeug der Selbstwerdung. Sie hat
den freudigen Tanz der Beziehung möglich
gemacht.

Nichts im Leben ist je außer Kontrolle geraten.
Es sieht nur so aus — von unserem niedrigen
Standpunkt aus.

Außer Wahrheit gibt es nichts, und sie ist
die Grundlage des Lebens. Täuschung ist ihr
zeitweiliges Werkzeug.

Hierarchien im Leben trennen, es sei denn,
wir merken, dass wir sowohl die Höhepunkte
als auch die Tiefpunkte im Leben sind; die
hohen und die tiefen Töne der Sinfonie.

Wir fühlen uns oft verantwortlich dafür,
Harmonie in unserer Umgebung aufrecht
zu erhalten. Aus höherer Sicht gibt es nur
Harmonie, also ist nichts aufrecht zu erhalten.

Denke über die Makellosigkeit des Lebens
nach, und sie wird sich dir in unzähligen
Synchronizitäten enthüllen.

Die Schatten in unserem Leben sind nur die
Streiche, die wir uns selbst spielen, um zuvor
ungenutztes Potenzial auszudrücken.

Ob wir das Erwachen erkämpfen oder es
mühelos geschehen lassen: jedes Verstehen
kommt genau im vom Einen Leben dafür
vorgesehenen Augenblick.

Durch uns drückt sich das Eine Leben
makellos und oft gegen unseren Willen aus.
Die leiseste Violine und die lauten Trommeln
sind in der Sinfonie gleich wichtig.

Das Leben ist ein perfekt inszeniertes
Schauspiel und jedes Wesen spielt seine Rolle.
Selbst die scheinbare Teilnahmslosigkeit eines
Darstellers steht im Drehbuch.

Das Leben dreht auf einem einzigen Punkt.
Jeder von uns ist solch ein Drehpunkt und
beeinflusst das Ganze mit jeder Handlung in
jedem Augenblick.

Größe bedeutet dem Unendlichen, das in
raumlosem Raum weilt, nichts. Weil wir
die Welt als groß und uns selbst als klein
empfinden, glauben wir, die Welt könne uns
beeinflussen. In unserer Wirklichkeit als Tor
für das Eine Leben sind wir die Ursache, nicht
die Wirkung.

Das scheinbare Glück mancher, die in der
Tretmühle des Lebens stecken, ist eine
Täuschung. Glück ist nicht die Erfüllung
unserer Wünsche, sondern Erfüllung, ohne
dass wir Wünsche haben.

Wir zögern zu handeln, ehe wir nicht einen
guten Ausgang sicher glauben. Jeder Ausgang
ist segensreich in der Güte des Unendlichen
Wesens.

Lassen wir das Leben sich spontan und arglos
durch uns entfalten, geborgen in dem Wissen,
dass das Leben jedem einzelnen Lebewesen
gegenüber gütig ist.

Gib dich der Einsamkeit hin, die entsteht,
wenn du herausfindest, dass es nur Uns gibt;
das leitet dich irgendwann zu der Fülle des
Wissen, dass Wir Alles sind, was es gibt.

Alles Behagliche besteht aus dem Vertrauten und dem Bekannten, egal ob wir in der Ego-Identifizierung leben oder in der Meisterschaft der Ausdehnung. Um Eins mit dem Unendlichen zu werden, muss das Leben zum Unabwägbaren werden.

Wachstum ist nicht nötig, aber Stillstand darf auch nicht sein. Stillstand muss dem üppigen Sprudeln des Einen Lebens weichen.

Der Meister wird beim unschuldigen
Entdecken des Lebens geboren. Unser Mantra
sei: **Ich weiß** nichts. Ich erlebe Alles in der
Zeitlosigkeit meines Seins.

Unsere Neigung, Teile des Lebens mit
Etiketten zu versehen, um den Verstand
zu beschwichtigen und Vorhersagbarkeit
vorzutäuschen, macht uns zu Sklaven der
Form. Wir können das umgehen, wenn wir
mit ganzem Augenmerk auf das Jetzt leben.

Je mehr wir uns auf eine Sache konzentrieren und dafür andere ausschließen, desto beschränkter wird unser Leben. Sich auf einen Teil des Lebens zu konzentrieren ist wie der Versuch, eine sprudelnde Quelle in einem Eimer zu halten.

Wir sind wie Flure für Unendliches Mitgefühl. Andere zu lieben, bevor wir uns selbst lieben, ist nicht möglich, weil erst Eigenliebe die Tür zum Herzen öffnet.

Außer Göttlichem Mitgefühl sind alle Arten
von Liebe nur menschliche Unter-Schöpfungen.
Menschliche Liebe bindet, Göttliche Liebe setzt
alles Potenzial frei.

Wenn wir nicht in Anerkennung der
Verbundenheit allen Lebens leben, schafft
die Zersplitterung des Selbst den Wahn der
Egozentrik.

Überzeugung ist nicht gleich Richtigkeit. Und doch folgen viele blind, weil wir irregeführt werden zu denken, wir könnten wissen, wo das Leben doch im Wesentlichen unwägbar ist.

Genius hat keinen Intellekt. Er ist als müheloses Wissen im Meister präsent, der seinen Verstand leer macht.

Die Angst, Fehler zu machen, zusammen mit
der Feststellung, dass das Leben unverständ-
lich ist, lässt den Menschen sich an gestrige
Wahrheitssplitter klammern. Wir lassen das
Veraltete erst los, wenn wir als das Eine Wesen
Selbstvertrauen haben.

Wir glauben, wir schieben Dinge auf, doch
der Kosmos entfaltet sich mit unfehlbarer
Terminierung. Wir kommen immer genau
zum richtigen Zeitpunkt.

Der Takt des Tanzes des Lebens weist
scheinbar Verzögerungen auf. Doch ist die
Taktvorgabe für die Schritte des Tanzes
makellos.

Die tief sitzende Angst davor, das Leben
könnte sich zerstörerisch verhalten, kommt
daher, dass wir die Zerstörung von Altem als
unheilvoll ansehen. Aus der Sicht des Ganzen,
Ewigen, gibt das Leben geschmeidig der
Entfaltung nach.

Das Meer an Bewusstsein, das ein Jeder ist,
beklagt keine Verluste, noch jubelt es über
Gewinne. Das Meer in seiner Fülle drückt sich
endlos in Ebbe und Flut aus.

Wie einem störrischen Kind widerstrebt uns
die Autorität der Führung des Einen Lebens.
Schau mit Güte und Humor den Possen des
Verstandes zu, gib ihnen aber, wie weise
Eltern auch, nicht nach.

Im Spiel des Lebens spielen die Lichtträger
der Erde auch die Rolle der archetypischen
Drehpunkte des Lebens. Dieses unterbewusste
Wissen kann sie dazu drängen, die Welt retten
zu wollen, doch das Leben dreht sich mühelos
durch sie hindurch.

Weil das Leben sich durch uns hindurch
bewegt, haben wir keine Wahlfreiheit,
und daher auch keine Verantwortung. Die
Vorstellung von Freiheit ist wie eine Hand,
die zum Körper sagt „Ich will frei sein".

Der Stamm ist einer der Zeitmechanismen des Lebens. Er versucht, die Menschen mit Gleichförmigkeit zu binden und hält sie in Mittelmäßigkeit. Wer ein herausragendes Leben anstrebt, muss sich vom Stamm lossagen.

Die Weisheit von gestern hat den Traum von gestern beendet. Sie eignet sich wenig dafür, den Traum von heute zu beenden.

Wenn du den Tiger fütterst, nimmt er eher
deine Hand. Es zeugt nicht von Moral, das
Unwirkliche zu beschwichtigen und ihm
nachzugeben; das ist nicht der Sinn der Sache.

Die Entfaltung des Lebens ist unmerklich,
weil alles Leben sich gleichzeitig bewegt
und verändert. So kann kein Bezugspunkt
entstehen, an dem wir Veränderung messen
können. Das Leben ist in jedem Augenblick
völlig neu.

Im Streben nach der Entdeckung des Selbst
suchen manche es in anderen Menschen. Der
Weise sucht in der Metaphysik des Kosmos.
Beides eignet sich gleich gut zur Enthüllung
der nie endenden Mysterien.

Selbsterkenntnis geht der Selbstliebe voraus.
Doch die einzige Selbsterkenntnis, die wir je
haben können, ist die, dass wir ein unfehlbares
und reines Instrument des Einen Lebens sind.

Je mehr wir nach Erleuchtung streben, desto mehr zieht es uns nach unten. Abheben muss durch Schwerkraft ausbalanciert sein. Nur im unveränderter Veränderung gibt es keine Polarität.

Um das Entfalten des Einen Lebens zu gewähren, entstehen bei unseren Bemühungen, dem Leben Erleuchtung zu bringen, immer mehr Trugbilder von Schattenwesen. Auf diese Weise ist die kosmische Sinfonie immer harmonisch.

„Es gibt keine Schattenwesen", sagt der Lehrende des Gewissen und schwimmt in seinem un-
wirklichen Aquarium des Lebens seine endlosen
Runden. „Es gibt unwirkliche Schattenwesen",
sagt der Lehrer des Unbekannten und schafft sie,
indem er das ungenutzte Potenzial, das sie dar-
stellen, anzapft.

Die Schöpfung ist ein Traum. Denn im Einen
Leben kann es niemals ein Einzelwesen
geben. Wenn wir mit dem Unendlichen voll
und ganz zusammenarbeiten, wird es ein
angenehmer Traum.

Strukturierte Lebensprogramme wie z.B. soziale Konditionierung verhalten sich wie Viren zum Leben und verursachen eine unharmonische Wirklichkeit. Achte bei Beginn deiner Handlungen darauf, dass sie nicht Programmierungen entspringen.

Solange in unserem Leben Konditionierung vorherrscht, sind unsere Gefühle unzuverlässige Quellen für den Strom, der das Eine Leben sich durch uns entfalten lässt.

Es gibt kein Schicksal oder Los. Es erwartet
uns keine göttliche Mission, die wir zu erfüllen
hätten. Nur die Tyrannei des Verstands
verlangt, dass wir unsere Existenz über
Lebensfreude hinaus rechtfertigen.

Viele glauben. es gäbe wichtige Augenblicke,
die wir nutzen müssten, um die Gelegenheiten
des Lebens bestmöglich zu ergreifen. Weil
das Leben unvorhersehbar ist, sind sie nur
im Nachhinein sichtbar und sie sind die
unaufhaltbaren Veränderungen im Lauf des
Einen Lebens.

Schicklichkeit heißt nur, dass jemand anderer unsere Handlungen nach seinen Wertmaßstäben zensiert. Lasst uns ausdrücklich beschließen, dass wir uns von der Sorge um die Urteile und Meinungen anderer befreien.

Sprechen ohne innere Echtheit stärkt die männlichen, trennenden Eigenschaften des Lebens. Aus dem Herzen heraus zu sprechen fördert eine einbeziehende
Haltung.

Viele überreden andere dadurch, dass ihre
Überzeugung unterbewusste Töne in ihrer
Stimme aktiviert. Schütze dich davor, darauf
hereinzufallen, indem du beim Zuhören
inneren Abstand wahrst.

Die Sprache derer, die Fakten vermitteln, ist
tot. Die Worte eines Menschen, der aus dem
Herzen spricht, sind lebendig. Das kommt
daher, dass sie die ganze Bandbreite der Töne
enthalten.

Sprich nur, wenn dich dein Herz dazu drängt.
Nur dann werden deine Worte von allein
weder männlicher noch weiblicher Natur sein.
Auf diese Weise sprichst du die Sprache des
Unendlichen Lebens.

Lass dein Sprechen eher Ursache als Wirkung
der Worte anderer sein. Es ist meisterhaft zu
antworten und töricht zu reagieren.

Verteidige dich nicht! Welche Notwendigkeit
dafür besteht für jemanden, der in der
Unschuld des Einen Lebens weilt, zu beweisen,
dass dem so ist. Es gibt nichts als Unschuld.

Wer spricht, kann nicht zuhören. Das Leben
flüstert seine Geheimnisse dem ins Ohr, der
schweigend zuhört.

Es gibt solche, die in Kreisen sprechen und
solche, die geradlinig sprechen. Höre die
Bedeutung hinter dem Kreis heraus und fühle
die Bedeutung hinter dem Offensichtlichen der
geraden Linie.

Viele Wertvorstellungen, die vom Verstand
erschaffen wurden, haben den Körper
herabgewürdigt. Das sind Instrumente, die
das unbeschreibliche Wunder des Körpers
beherrschen sollen.

Seiner wahren Natur nach ist der Körper dem Tod nicht unterworfen. Nur wenn sein Licht keine Leuchtkraft besitzt, kann er sterben. Leuchtkraft drückt sich durch authentisches Leben aus.

Reinkarnation geschieht, weil wir Teilen des Lebens ausweichen. Dann pendeln wir in verschiedenen Leben zwischen dem, was wir vermeiden und dem, was wir bereitwillig annehmen.

Leben wir ein vor vorgegebenes Leben,
können wir, wie die Motte im Spinnennetz,
nicht merken, wenn wir einer neuen
unterbewussten Programmlinie folgen. Freisein
von Konditionierungen deckt das Eindringen
fremder Gedanken auf.

Keine zermürbenden Gedanken, ob
Handlungen richtig waren! Jede Handlung,
die aus authentischem Leben heraus erfolgt,
kommt allen Beteiligten zugute, ob das klar ist
oder nicht.

Je mehr wir die Göttlichkeit in anderen sehen
und je mehr wir die EINheit anerkennen, desto
mehr ihrer einzigartigen Geschenke werden
unser.

Das Leben bewegt sich durch uns hindurch
und wir können seinen Tanz genüsslich oder
widerstrebend aufführen. Genuss entsteht
aus einem Sinn für Abenteuer und der
Zufriedenheit, die das Ergebnis von Hingabe
ist.

Es gibt keine Geschichte. Keine Zukunft
wartet. Nur der Augenblick, der sich in die
Ewigkeit erstreckt.

Einsamkeit ist der Beginn von Größe. Dort
begegnen wir dem Unendlichen Wesen.

Aus Loyalität entsteht Blindheit. Sieh andere
in deiner Umgebung jeden Tag von neuem,
auf dass du sie nicht fesselst, indem du ihren
Torheiten nachgibst.

Alles Vergangene hat dich zur Vollkommenheit des Augenblicks gebracht, dem Anfang
von Zeitlosigkeit und dem Geburtsort Ewigen
Lebens.

# Schluss

Segne die Ketten, die dich binden, so wie
die Raupe dankbar den Schutz der Puppe
annimmt. Verpuppt haben wir gelegen und
auf unseren Eintritt in die majestätische
Gegenwart des Einen Lebens gewartet.

Tu es dem Schmetterling gleich, der im
Wind schwebt und seine Flügel in den
Sonnenstrahlen spreizt, und erinnere nicht
bedauernd deine Gefangenschaft. Sie war
die Gebärmutter für deine Geburt in die
Unvergänglichkeit.

Nicht mehr sollst du dein Spiegelbild an den
Wänden deines Gefängnisses sehen, und auch
nicht das verzerrte Bild deiner alten Identität
schauen. Denn was aus dir geworden ist, kann
nicht erklärt werden durch den beschränkten
Bezugspunkt deines alten erdgebundenen
Daseins. Du schlummerst nicht mehr im
Kokon halb vergessener Träume. Du bist eins
geworden mit dem Gras, das selbstvergessen
im Wind wogt. Du bist das Kind und Mutter/
Vater des Einen Lebens.

www.ingramcontent.com/pod-product-compliance
Lightning Source LLC
Chambersburg PA
CBHW030524100426

42813CB00001B/148